Meiner lieben Kira
für ihren Fleiß
Deine Tante Marlies

Hanni und Nanni ist die beliebteste und erfolgreichste Mädchenbuch-Serie der Welt. Allein in der Bundesrepublik wurden mehr als 5 Millionen Bücher dieser Serie von Enid Blyton mit großer Begeisterung gelesen.

Von **Hanni und Nanni** gibt es 15 Einzelbände, die auch in 5 Sammelbänden zu je 3 Erzählungen zu haben sind.

Hasso

Enid Blyton

Tobi, unser frecher Dackel

und andere lustige Geschichten

in Schreibschrift

Schneider-Buch

Drei Geschichten in Schreibschrift

Tobis Abenteuer

Tobi war ein junger Dackel. Er lebte mit seiner Mutter in einer schönen großen Hundehütte. Eigentlich ging es ihm sehr gut. Aber er wollte etwas erleben!

„Ich langweile mich, Mama", maulte Tobi zum elftenmal.

Und seine Mutter antwortete wie gewöhnlich: „Sei nicht dumm, Tobi!"

Doch Tobi hörte nicht auf sie. „Den ganzen Tag tun wir nichts als essen und schlafen und schlafen und essen und durch den Garten rennen. Ich möchte endlich Abenteuer erleben. Ich will auf die Jagd gehen oder jemand beißen!"

Verdrossen schnappte er nach einer Fliege und fügte brummend hinzu: „Andere Hunde haben's tausendmal besser: die Jagdhunde und die Polizeihunde und die Wachhunde . . ."

Seine Mutter unterbrach ihn. „Hör mir zu, Tobi! Abenteuer sind nicht immer angenehm. Eines Tages mußt du fort von hier, und wer weiß, wie es dir dann ergehen wird. Sei doch zufrieden und glücklich, daß du es so gut bei mir hast."

„Aber ...", begann Tobi wieder, doch seine Mutter war es müde, sich seine Klagen anzuhören. Sie rollte sich auf ihrem Kissen zusammen und schlief ein. Wütend rannte Tobi in den Garten hinaus.

Und da sah er etwas, was ihn in große Aufregung versetzte: In dem Drahtzaun, der das Grundstück umgab, war ein Loch!

Da müßte ich mich eigentlich durchzwängen können, überlegte Tobi sofort.

Er scharrte unter dem Loch noch ein bißchen Erde weg, duckte sich und

kroch wie ein Wiesel ins Freie. Dann sauste er die Straße entlang, daß seine Dackelohren flogen.
Jetzt geht's mitten hinein ins Abenteuer! dachte er glücklich. Als er zu einer Wiese kam, sah er dort viele flaumige Küken herumspazieren.
Tobi hörte, wie sie piepsten. „Die klei-

nen Dinger jage ich ein bißchen!" beschloß er vergnügt und lief den Küken bellend nach. Sofort stoben sie verängstigt in alle Richtungen auseinander. Das machte Tobi einen Riesenspaß.

Aber du lieber Himmel, was war das? Etwas Großes, Gefiedertes stürzte sich plötzlich wütend auf ihn. Ein harter Schnabel hackte auf seine Nase, und scharfe Krallen gruben sich in seinen Hals. Tobi jaulte erschrocken und schüttelte sich. Dann zog er den Schwanz ein und ergriff die Flucht. Gagagagack! kreischte die aufgebrachte Glucke und flatterte hinter ihm drein. Gagagagack!

„Uff!" japste Tobi, als er endlich unter einen Busch kroch. Er schnappte nach Luft. „War das aber ein abscheuliches Untier! Mir so einen Schrecken einzujagen!"
Als er sich wieder beruhigt hatte, lief er weiter und kam zu einem Bauernhof. Dort stand eine alte Hundehütte, in der Hasso, der Hofhund, gerade

ein Schläfchen hielt. Vor der Hütte lag ein herrlicher Knochen. Tobi sah ihn, und das Wasser lief ihm im Maul zusammen.

„Genauso einen Knochen habe ich mir schon immer gewünscht!" kläffte er begeistert. „Au, fein!"

Den großen Hofhund, der in seiner Hütte lag, bemerkte Tobi allerdings nicht. Hungrig machte sich der kleine vorwitzige Dackel über den Knochen her und kaute und schmatzte laut.

Plötzlich erwachte Hasso von einem verdächtigen Geräusch. Argwöhnisch öffnete er ein Auge. Als er den kleinen Hund vor der Hütte sitzen und seinen schönen Knochen verzehren sah, sprang er wutentbrannt hoch. Wie der Blitz war er draußen und packte den überraschten Tobi am Nackenfell. Er schüttelte ihn so, daß dem kleinen Dackel Hören und Sehen verging. Und zum Schluß schleuderte er ihn noch hoch in die Luft.

Rumms! Tobi landete mit einem Krachen auf der Wiese. In seinem Kopf dröhnte es. Was war denn nur passiert?

„Ich werd dir's zeigen", knurrte Hasso. „Einfach anderer Hunde Knochen aufzufressen! Verschwinde, ehe ich dich in Stücke reiße!"

Voll Entsetzen raste Tobi davon. Fast wünschte er sich, wieder daheim bei seiner Mutter zu sein. Doch nach einiger Zeit faßte er wieder Mut und sah sich tapfer um. Ein Mann kam die Straße entlang. Tobi lief auf ihn zu. Der Mann war ein Zigeuner – als er Tobi bemerkte, bückte er sich und betrachtete ihn näher.

„Ein junger Dackel", murmelte er vor sich hin. „Hm. Die bringen eine Menge Geld." Dann streichelte er Tobi und sagte laut: „Gutes Hundchen!"

Und ehe Tobi wußte, wie ihm geschah, hatte der Mann ihn hochgehoben und in den Sack gesteckt, den er bei sich trug. Eilig schleppte er

seine Beute zum Wohnwagen, der nicht weit davon am Waldrand stand.
Hier schüttelte er den kleinen Hund aus dem Sack und band ihn mit einer Schnur am Rad des Wohnwagens fest. Tobi war völlig verängstigt. Er knurrte und versuchte nach dem Zigeuner zu schnappen.
„Was?" schrie der Mann und gab ihm einen Fußtritt. „Du willst mich beißen, du häßlicher kleiner Köter? Gleich wirst du meine Peitsche zu spüren bekommen!"
Armer Tobi! Ganz hilflos und verschreckt saß er neben dem Wagenrad.

Als er einen schmutzigen, mageren Hund auf sich zukommen sah, kroch er angstvoll zurück.

„Vor mir brauchst du dich nicht zu fürchten", sagte der Hund. „Ich heiße Troll. Der Zigeuner ist mein Herr. Wie kommst du denn hierher?"

„Heute früh bin ich meiner Mutter weggelaufen", wimmerte Tobi. „Ich wollte so gern ein Abenteuer erleben."

Und dann erzählte er dem Zigeunerhund alles, was ihm in den letzten Stunden zugestoßen war.

„Na ja", sagte Troll schließlich, „du hast nur bekommen, was du dir gewünscht hast, stimmt's? Immerhin hast du doch eine ganze Menge

Abenteuer erlebt. Eigentlich müßtest du jetzt glücklich und zufrieden sein."
Tobi seufzte: „Das bin ich nicht. Wenn du wüßtest, wie traurig und verlassen ich bin! Dein Herr hat gesagt, daß er mich mit der Peitsche schlagen will."
„Das wird er auch tun", erwiderte der Hund traurig. „Denn er ist sehr böse. Ich wollte, ich hätte einen besseren Herrn."
„Kannst du mir nicht helfen, von hier wegzukommen?" flehte Tobi. „Ach bitte, du bist der einzige, der mir helfen kann."
Troll sah sich vorsichtig um, ob sein Herr irgendwo in der Nähe war.

„Gut", sagte er dann leise. „Ich werde diese Schnur durchbeißen. Dann mußt du um dein Leben laufen!"
Wirklich biß der Zigeunerhund mit seinen scharfen Zähnen die Schnur durch, und Tobi war wieder frei. In Windeseile raste er durch den Wald davon.
„Ich glaube, ich mag keine Abenteuer mehr erleben", murmelte er, als er endlich wieder stehenzubleiben wagte. „Jetzt reicht es mir. Ich möchte nach Hause. Aber ich weiß den Weg nicht mehr. Ich habe mich verirrt. Hungrig bin ich auch."
Plötzlich drang der leckere Duft von Bratwürstchen an Tobis Nase. Er

schnupperte entzückt. Dann lief er in die Richtung, aus der der Geruch kam. Aha, dort war eine Küchentür!

Tobi schob vorsichtig die Nase zwischen den Türspalt und beobachtete die Köchin. Sie nahm gerade eine Bratpfanne vom Ofen und leerte die Würstchen auf einen Teller, der auf dem Tisch stand. Dann ging sie aus dem Zimmer.

Im Handumdrehen war Tobi in der Küche. Er sprang auf einen Stuhl und nahm ein Bratwürstchen zwischen die Zähne.

Potz Blitz und Kanonenrohr – war das heiß!

Tobi ließ es erschrocken fallen. In diesem Augenblick kam die Köchin zurück. Sie sah Tobi, der mit den Vorderpfoten auf der Tischplatte stand, machte einen Satz und packte

ihn so heftig am Nackenfell, daß er aufheulte.
Dann band sie ihn am Tischbein fest und ging zur Tür, um die Hausfrau zu holen. „Du freches kleines Biest!" schimpfte sie. „Machst dich einfach über meine Würstchen her! Na warte, was du gleich zu hören bekommst. Du wirst bestimmt in den Kohlenkeller gesperrt!"
Der unglückliche Tobi zitterte vor Angst. „Ich möchte zurück zu meiner Mutter!" wimmerte er. „Ich will nach Hause! Dauernd gerate ich in neue Abenteuer. Dabei will ich doch gar keine mehr erleben! Laßt mich heim!"
Da kam die Köchin mit der Hausfrau

zurück. Sobald diese den kleinen Tobi erblickte, stieß sie einen überraschten Schrei aus. „Himmel – ist das nicht der junge Hund, der unseren Nachbarn heute früh ausgerissen ist? Sie haben schon überall nach ihm gesucht."

Es dauerte nicht lange, da lag Tobi wieder geborgen in der großen Hundehütte. Seine Mutter leckte ihn liebevoll. „Ach, es war so schrecklich!" jammerte Tobi. „Zuerst hat mich eine Henne verfolgt. Und dann hat mich ein Hofhund durchgeschüttelt. Hinterher hat mich ein Zigeuner gestohlen. Und dann hat mich die Köchin am Schlafittchen gepackt!"

„Na, da hast du aber eine Menge Abenteuer erlebt", sagte seine Mutter erstaunt. „Bist du denn nicht froh darüber, Tobi?"

Tobi kuschelte sich näher an sie heran. „Nein, überhaupt nicht", gestand er. „Weißt du, ich hab es mir anders überlegt. Abenteuer sind gar nicht immer so lustig."

Da schmunzelte Tobis Mutter, aber sie sagte nichts mehr. Und das war gut so, denn Tobi war inzwischen fest eingeschlafen.

Ein Freund für Jimmy

Niemand mochte die kleine Negerpuppe Jimmy besonders gern. Eines Tages war sie in einem Geschenkpaket angekommen. Keines der anderen Spielsachen im Kinderzimmer wollte mit ihr Freundschaft schließen. „Hast du aber ein komisches Gesicht! Ganz schwarz bist du", sagte der Teddybär verächtlich zu Jimmy.

„Kannst du dich nicht waschen?" erkundigte sich das Krokodil.
„Nein. Das ist nämlich meine Hautfarbe", antwortete Jimmy. „Negerpuppen sind immer schwarz. Ich kann's nicht ändern."
„Hm", brummte die Hexe aus dem Kasperltheater. „Wenn ich wollte, könnte ich dich in eine weiße Puppe verzaubern. Aber ich mag nicht."
Doch das glaubte ihr keiner, denn jeder wußte, daß sie gar nicht zaubern konnte.
Die Spielsachen gaben sich keine Mühe, nett zu Jimmy zu sein. Und so mußte er bald ganz für sich allein spielen. Nicht einmal die kleine

Aufziehmaus kümmerte sich um ihn. Er fühlte sich traurig und verlassen.
„Könnte nicht doch einer von euch mein Freund werden?" fragte er eines Abends schüchtern. „Du vielleicht, Evelyn?"
Aber Evelyn, die große Puppe im rosaroten Kleid, schloß hochmütig

die Augen. Sie konnte nämlich ihre Augen auf- und zumachen. „Du liebe Güte!" lispelte sie. „Was fällt dir ein? Ein kleiner schwarzer Knirps wie du will mein Freund sein? Du bist wohl verrückt geworden!

Natürlich habe ich bis jetzt noch keinen richtigen Freund, weil ich vornehmer und teurer bin als ihr alle. Ich warte immer noch darauf, daß ein neues Spielzeug hier eintrifft, das meine Freundschaft wert ist."
Jimmy senkte enttäuscht den Kopf und ging zum Hauptmann der Zinnsoldaten. „Möchten Sie nicht mein Freund sein?" fragte er ihn.
Der Hauptmann drehte ihm den Rücken zu. „Natürlich nicht", antwortete er. „Eines Tages wird jemand kommen, mit dem ich Freundschaft schließen kann – aber auf dich habe ich bestimmt nicht gewartet!"
Nun wanderte der kleine Negerjunge

betrübt in die Ecke hinüber, wo das Schaukelpferd stand. „Du bist zwar größer als ich", begann er bescheiden, „aber glaubst du nicht, daß wir trotzdem Freunde werden könnten? Stell dir vor, wie schön es wäre, wenn ich jeden Abend auf deinem

Rücken sitzen und schaukeln würde. Dabei könnten wir uns lustige Geschichten erzählen."

Das Schaukelpferd nickte, aber da es nur nicken konnte, hatte das nicht viel zu bedeuten. „Nein", sagte es verächtlich. „Ich habe zwar bis jetzt noch keinen richtigen Freund gefunden, aber ich weiß genau, daß früher oder später ein Spielzeug hier eintreffen wird, das groß und bedeutend genug ist, um mein Freund zu sein. Geh und versteck dich unter der Kommode, Jimmy. Keiner will dein häßliches schwarzes Gesicht sehen. Du erschreckst nur die kleinen Puppen in der Puppenstube."

Jimmy war sehr traurig. Langsam ging er zu der schwarzen Kommode, kroch darunter und kauerte sich an die Wand. Wieviel schöner war es doch im Spielzeugladen gewesen! Dort hatte er sich mit allen Spielsachen gut verstanden.

Zwei Tage später herrschte im Kinderzimmer große Aufregung. Es war der Geburtstag der kleinen Petra, und ihre Großmutter hatte versprochen, ihr ein ganz besonderes Geschenk zu schicken – ein wunderschönes Pferd aus feinem Leder, etwa dreißig Zentimeter hoch, mit besticktem Zaumzeug und rotem Sattel!

„Ich werde es fragen, ob es mein Freund sein will", eröffnete Evelyn den anderen Spielsachen. „Auf einem so schönen Pferd muß das Reiten Spaß machen."

„Oho!" rief der Hauptmann der Zinnsoldaten. „Das wollen wir doch erst mal sehen. Dieses Pferd wäre genau der richtige Freund für mich. Ein Hauptmann braucht ein gutes Pferd."

Das Schaukelpferd wieherte aufgebracht und nickte wütend mit dem Kopf. „Ich sage euch, es wird mein Freund sein. Zwei Pferde gehören zusammen."

Am Abend stand das neue Spielzeugpferd im Kinderzimmer mitten auf

dem Teppich. Die anderen Spielsachen betrachteten es voller Bewunderung. Ach, wie hübsch sah es aus! Das weiche braune Leder schimmerte, die goldene Mähne war zu vielen Zöpfchen geflochten, das Zaumzeug glänzte, und der Sattel war aus feinstem rotem Leder!
Das neue Pferd galoppierte durch das Kinderzimmer, um den anderen zu zeigen, wie schnell es war. Die große Puppe Evelyn durfte zuerst auf ihm reiten. Sie sagte sofort, daß sie Freundschaft mit ihm schließen wollte. Als der Hauptmann an die Reihe kam, sagte er das gleiche. Und das Schaukelpferd war ganz sicher,

daß das kleine braune Pferd ganz allein sein Freund werden würde. Das lederne Pferdchen konnte genau wie ein echtes Pferd wiehern, nur leiser. Jimmy, der noch immer unter der Kommode im Dunkeln kauerte, setzte sich plötzlich mit einem Ruck auf, als er das Wiehern hörte.

Was war das? Dieses Geräusch kannte er doch! Er hatte es oft genug im Spielzeugladen gehört. Konnte es dasselbe braune Pferd sein, das dort so lange neben ihm im Regal gestanden war?

Jimmy kroch schnell unter der Kommode hervor und ging leise auf das Pferdchen zu. Da drehte es sich um und sah ihn an. Und dann erlebten alle Spielsachen eine große Überraschung: Das kleine braune Pferd trabte zu Jimmy hinüber,

schmiegte die Nase an sein Gesicht und wieherte freudig.

„Wie schön, dich wiederzusehen!" rief es. „Ich habe dich so vermißt, als du aus dem Spielzeugladen weggekauft worden bist, Jimmy! Von allen Spielsachen dort habe ich dich immer am liebsten gemocht. Ach, ich freue mich, daß du hier bist!"

Jimmy streichelte das kleine braune Pferd. Sein schwarzes Gesicht strahlte vor Freude. „Ich habe dich auch vermißt", sagte er. „Und ich war sehr einsam."

Das Pferdchen sah ihn erstaunt an. „Aber du mußt doch hier eine Menge Freunde haben", meinte es. „Sicher

brauchst du mich jetzt nicht mehr als deinen Freund."
„Oh, wenn du wüßtest, wie unglücklich ich war!" erwiderte Jimmy. „Niemand wollte etwas mit mir zu tun haben. Keinen einzigen Freund habe ich hier. Wenn du mich noch magst, bleiben wir beisammen. Dann werde ich bestimmt nie wieder einsam sein."
Und das ist Jimmy wirklich nicht mehr. Jetzt hat er ja das kleine braune Pferd. Und die beiden reiten jeden Abend miteinander über den Teppich, erzählen sich ihre Geheimnisse und kümmern sich recht wenig um die anderen Spielsachen. Evelyn

und der Hauptmann sind natürlich eifersüchtig, und das Schaukelpferd nickt verdrossen vor sich hin.
Jetzt wären alle gern Jimmys Freunde – aber dazu ist es zu spät.

Die Schokolade im Postkasten

Tante Hilde trat aus der Haustür, gerade als Andreas seine Schokolade auswickeln wollte.
„Andreas", sagte sie, „bring bitte diesen Brief hier für mich zum Postkasten."
„Ich möchte erst meine Schokolade essen!" erwiderte Andreas. Er saß auf der Treppe und blinzelte in die Sonne.
Tante Hilde schüttelte den Kopf, streckte Andreas den Brief entgegen und sagte: „Nein, geh jetzt gleich.

Sonst vergißt du es wieder. Die Schokolade kannst du später essen, wenn du zurückkommst. Laß sie hier auf der Türschwelle liegen."
Doch dazu hatte Andreas keine Lust. Wer weiß, vielleicht kam dann irgend jemand vorbei und nahm ihm seine Schokolade weg. Nein, er würde sie einfach mitnehmen.
So marschierte er mit der Schokolade in der Hand und dem Brief in der Hosentasche los. Eilig hatte er es nicht. Es gab überall eine Menge zu sehen! Gegenüber parkte ein blitzender roter Sportwagen am Straßenrand. Andreas betrachtete ihn genau von allen Seiten. Vor dem

Lebensmittelgeschäft stand ein Lieferwagen. Ein Mann lud gerade mehrere Kisten aus. Natürlich mußte Andreas stehenbleiben und zusehen, bis der Mann mit der letzten Kiste im Laden verschwand.

Dann kam er an das große Spielwarengeschäft. Oh, da lagen herrliche Sachen im Schaufenster! Ein Stück weiter sah er eine breite Pfütze auf dem Gehsteig. Andreas konnte erst weitergehen, nachdem er dreimal darübergesprungen war.

Am Himmel brummte ein Flugzeug. Es drehte riesige Schleifen. Andreas ging vorwärts, die Nase in der Luft, und beobachtete dabei das Flugzeug. Bumm! machte es, und Andreas stieß mit dem Kopf gegen den Postkasten an der Ecke.

„Entschuldigung", murmelte er verwirrt. Und dann warf er seine Schokolade in den Postkastenschlitz. Plumps – die Tafel Schokolade ver-

schwand im Kasten. Andreas aber
war so in Gedanken versunken, daß
er es gar nicht merkte. Er war über-

zeugt, den Brief eingeworfen zu haben.
Dabei steckte er noch in seiner Hosentasche.
Als Andreas nach Hause kam, sah Tante Hilde gerade aus dem Fenster und rief ihm zu: „Hast du den Brief aufgegeben?"
„Ja, klar", sagte Andreas. „Wo ist meine Schokolade?"
„Die hast du doch mitgenommen", erwiderte Tante Hilde.
„Hm", brummte Andreas. „Aber jetzt finde ich sie nicht mehr. Wo ist sie denn?"
Seine Tante lachte. „Wahrscheinlich hast du sie aufgegessen."
Andreas dachte angestrengt nach.

Dann rief er enttäuscht: „Ach, ich habe sie gegessen und es gar nicht gemerkt! Tante Hilde, ich habe meine Tafel Schokolade aufgegessen und sie überhaupt nicht geschmeckt! Ich will noch eine haben."

Tante Hilde runzelte ärgerlich die Stirn. „Mit so einem dummen Trick kannst du mir keine Schokolade abschwindeln", sagte sie. „Sei nicht albern, Andreas. Du mußt doch gemerkt haben, daß du sie gegessen hast!"

Andreas war ganz verwirrt. Am Nachmittag lief er mit mürrischem Gesicht herum und gab patzige Antworten, wenn Tante Hilde ihn etwas fragte. Schließlich wurde er früh ins Bett geschickt, weil er über den Zaun geklettert war und sich die Hose zerrissen hatte.

Als Tante Hilde ins Kinderzimmer kam und Andreas' Hose holen wollte, um sie zu flicken, fand sie etwas in seiner Hosentasche.

Es war der Brief, den er einwerfen sollte!

Nun wurde Tante Hilde wirklich böse. „Andreas", begann sie laut, „das ist doch die Höhe! Du hast gesagt, du hättest meinen Brief aufgegeben. Das war gelogen! Sofort ziehst du dich wieder an und gehst zum Postkasten!"

„Ich habe den Brief doch eingeworfen, wirklich!" versicherte Andreas. „Ich weiß es doch ganz genau."

Aber es nützte nichts – er mußte mit dem Brief noch einmal zum Postkasten gehen, obwohl es schon langsam dunkel wurde.
Als Andreas in die Nähe des Postkastens kam, stand dort gerade ein Postbeamter und sprach mit dem Polizisten. Den Wachtmeister kannte Andreas schon, denn er hatte oft in dieser Gegend Dienst.
„Und stellen Sie sich vor, was ich bei der letzten Leerung im Kasten gefunden habe", sagte der Postbeamte gerade empört zum Polizisten. „Eine große Tafel Schokolade! Wie finden Sie das? Eine Unverschämtheit, nicht wahr? Und was für eine Verschwen-

dung obendrein! Wenn ich den Kerl finde, der das getan hat, bekommt er aber etwas zu hören!"
„Sehr richtig", stimmte der breitschultrige Polizist zu. „Das ist tatsächlich ein schlechter Scherz. Schokolade in einen Postkasten zu werfen, na, so was! Das müßte wirklich bestraft werden."
Andreas bekam einen gewaltigen Schreck. Jetzt wußte er, wo seine Schokolade hingeraten war! Du liebe Zeit, hoffentlich kam der Postbeamte niemals darauf, daß die Schokolade ihm, Andreas, gehört hatte!
Zitternd warf er den Brief seiner Tante in den Kasten und lief dann

nach Hause, als wäre ein wild geworde-
dener Elefant hinter ihm her.
Von diesem Tag an hat Andreas nie mehr etwas Eßbares mit vors Haus genommen. Und um den Postkasten an der Ecke macht er jedesmal einen großen Bogen.

Die englischen Original-Ausgaben erschienen
bei The Brockhampton Press Ltd., London
Aus den Büchern: „Merry Story Book" und
„Friendly Story Book".
Übersetzung: Ursula Dotzler
Deckelbild und Illustration: Susa Schlieper
Textredaktion: Ulrike Rost
Druck: A. Huber KG, München
Bestell-Nummer: 3657

ISBN 3 505 03657 9

Weitere Schneider-Bücher in Schreibschrift:

Mikosch, der kleine Zauberesel
von Antonia Arnold

Humstibumsti
von Ursula Isbel

Peppi aus dem Urwald
Peppi findet gute Freunde
von Margarete Bierbaum

Bibi-Maus und die grünen Äpfel
von Hermine Seidl

Heika hat den Wunderkäfer
von Alfred Wellm

Ein Zebra geht zur Schule
von Jill Tomlinson

Fridolin, die kleine Maus
von Maxine Kumin und Anne Sexton

Kein Esel ist so klug wie Joschi
von Hiltrud Lind

Die Abenteuer der kleinen Kornelia
von M. Haller

Lustige Geschichten in Schreibschrift
von Günter Käning

Tiergeschichten in Schreibschrift
von K. H. Bansmer

Neue Tiergeschichten in Schreibschrift
von R. Künzler

Geschichten zum Staunen und Lachen

Märchen in Schreibschrift
Fröhliche kleine Leute
Tobi, unser frecher Dackel

von Enid Byton

Familie Eichhorn
von Maria Voderholzer

Weitere spannende Schneider-Bücher der Autorin:

Adventures with Hanni and Nanni I – Englische Ausgabe mit Vokabeln

Adventures with Hanni and Nanni II – Englische Ausgabe mit Vokabeln

Dolly sucht eine Freundin – Ein Hitzkopf hat es schwer, sich in ein Internat einzufügen

Wirbel in Klasse 2 – Unsere Burg ist die beste Schule der Welt

Ein Pferd im Internat – Ein Mädchen kann sich nicht von ihrem Pferd trennen

Klassensprecherin Dolly – Dolly hat es nicht leicht, sich zu behaupten

Dollys großer Tag – Viel Streit um ein Theaterstück

Abschied von der Burg – Mit viel Trubel wird das letzte Schuljahr beendet

Dolly Sammelband I – Die lustigsten Schul-Abenteuer auf der Burg, 3 Bände

Dolly Sammelband II – Die abenteuerlichsten Schulstreiche auf der Burg, 3 Bände

Das Geheimnis der Klippenburg – Zwei Kinder verfolgen rätselhafte Spuren

Geschichten zum Staunen und Lachen – (Schreibschrift), ein lustiges Mal- und Lesebuch für die Kleinsten

Hanni und Nanni sind immer dagegen – Die Zwillinge hecken nur lustige Streiche aus

Hanni und Nanni schmieden neue Pläne – Die Zwillinge lösen ein Geheimnis

Hanni und Nanni in neuen Abenteuern – Die Zwillinge meistern eine lustige Situation

Kein Spaß ohne Hanni und Nanni – Die Zwillinge organisieren eine Mitternachtsparty

Lustige Streiche mit Hanni und Nanni – Die Zwillinge und ihr glanzvolles Mondscheinfest

Fröhliche Tage für Hanni und Nanni – Die Zwillinge spielen Mamsell einen Streich

Hanni und Nanni gründen einen Klub – Die Zwillinge und der „Klub der Spatzen“ erregen Aufsehen

Hanni und Nanni im Landschulheim – Die Zwillinge und die Bewohner der Pferdeburg

Hanni und Nanni geben nicht auf – Die Zwillinge fürchten die Neuen

Hanni und Nanni im Geisterschloß – Die Zwillinge erleben eine Spuknacht

Hanni und Nanni suchen Gespenster – Die Zwillinge lassen Gespenster lebendig werden

Hanni und Nanni und ihre Gäste – Die Zwillinge helfen in der Fuchsenmühle

Hanni und Nanni in tausend Nöten – Die Zwillinge beschützen eine Freundin

Hanni und Nanni groß in Form – Die Zwillinge plaudern aus der Schule

Hanni und Nanni geben ein Fest – Die Zwillinge laden zum Partyschmaus ein

Hanni und Nanni Sammelband I – Umfaßt 3 Bände voller lustiger Streiche

Hanni und Nanni Sammelband II – Umfaßt 3 Bände voller Abenteuer

Hanni und Nanni Sammelband III – Umfaßt 3 Bände mit Spuk und Spaß

Hanni und Nanni Sammelband IV – Umfaßt 3 Bände aufregender Erlebnisse

Hanni und Nanni Sammelband V – Umfaßt 3 Bände spannender Ereignisse

In unserer Schule ist was los – Spaß und Aufregungen im Internat

Märchen in Schreibschrift – Fröhliche kleine Leute

Bunte Abenteuer für kleine Leser

Noddy entdeckt das Spielzeugland – Das Holzmännchen findet eine neue Heimat

Noddy löst ein Geheimnis – Freche Diebe werden verfolgt

Noddy liebt sein kleines Auto – Eine abenteuerliche Taxifahrt

Noddy fängt den Dieb – Im Spielzeugland wird ein frecher Bursche gejagt

Schmuggler Ben – Ein Fischerjunge hütet ein Geheimnis, das er mit niemandem teilen will

Tina und Tini finden den geheimnisvollen Schatz – Aufregende Ferien voller Geheimnisse

Tina und Tini stehen vor neuen Rätseln – Wer ist der neugierige Fremde?

Tobi, unser frecher Dackel – (Schreibschrift), Lustige Geschichten für Leseanfänger

Unser Foxl ist ein Held – Foxl Lumpi ist verschwunden

Unser liebes Pony – Pony „Schneeflocke“ kann sogar die Zeitung holen